आग के फूल

वीरता की आग और कविता की कोमलता

भास्कर सिंह बादल

सर्वाधिकार सुरक्षित

संपर्क :bhaskarbaadal@gmail.com

Instagram Id:- baadal_28

प्रथम संस्करण : 2026

पुस्तक : आग के फूल

लेखक : भास्कर सिंह बादल

समर्पण

आप सभी पाठकों को मेरा आभार और धन्यवाद, जो एक नए लेखक पर भरोसा जता कर मेरे शब्दों को पढ़ रहे हैं। आशा करता हूँ कि मेरे शब्द आपकी सोच से भी बेहतर अनुभव प्रदान कर सकें।

'आग के फूल' काव्य-संग्रह की हमारी पहली पुस्तक मैं उन सभी इंसानों को समर्पित करना चाहूँगा, जिन्होंने उँगली पकड़कर चलना सिखाया और जिनके शब्दों को पढ़ते हुए मैं कुछ शब्द पिरोना सीखा हूँ।

अनुक्रमणिका

प्रस्तावना

काव्य यात्रा की शुरुआत...

मैं अपने जीवन से एकाकी मिटाता हूँ।
लोग समझते हैं कि कलम से रंग बनाता हूँ।

कलम और पन्ना हमारा सबसे अच्छा दोस्त है, सबसे अच्छा। ये शायद एकाकी की उपज है जो मेरे अकेले होने के बाद जुड़ता है और फिर मैं अपनी तरह से अपनी कहानी, कविता की दुनिया को सजा सकता हूँ। किसी भी कहानी को नया मोड़ दे दूँ, जो मैं चाहूँ दे सकता हूँ। ये मेरी दुनिया लगती है जिसमें मैं जिस पात्र से जो काम करवाना चाहूँ कराऊँ, या फिर उसे इस कहानी में जगह न दूँ, हमें कोई रोकने वाला नहीं है। और यही बात हमें अच्छी लगती

है कि यहाँ हमारी चलती है। मैं इसे कहाँ से सीखा, कह नहीं सकता।

बस मन में आया और शब्दों को सजाता चला गया,
उठा कलम एक नई दुनिया बनाता चला गया।

मैं अपनी परेशानी, इच्छा, पसंद, नापसंद, और किसी खास विषय पे हमारी क्या सोच है ये बतलाता हूँ, और कागज़ एक अच्छे दोस्त की तरह सुनता जाता है। इससे दोस्ती करके धीरे-धीरे मैं हिंदी के शब्दों को सुंदर रूप में सजाना सीख गया।

मेरे पूज्य परदादा जी स्वर्गीय विंदेश्वरी प्रसाद सिंह जी, जो कि एक शिक्षक थे, उनके द्वारा बचपन में हमें खेलते हुए या सुलाने के लिए सुनाए गए रामायण, महाभारत जैसी दर्जनों काव्यों के दोहे का असर हो, इससे मैं नकार नहीं सकता।

मेरे पिताजी श्री कन्हैया कुमार सिंह, जो कि ऐसे तो चिकित्सा व्यवसाय से जुड़े हुए हैं, लेकिन वो भी लिखने की अच्छी कला में माहिर हैं, जिससे कि हमें साथ सा मिला और कलम की धार और चमकती चली गई।

साथ ही, मैं अपनी छोटी बहन विद्या भारती (मेघा) का भी हृदय से धन्यवाद करना चाहता हूँ, जिसने हर कदम पर मुझे प्रेरित किया और मेरे लेखन पर विश्वास बनाए रखा। उसके उत्साहवर्धन ने मुझे निरंतर बेहतर लिखने की शक्ति दी।

धन्यवाद कहना चाहूँगा हमारे संस्कार पब्लिक स्कूल (शेखपुरा) के हिंदी और संस्कृत के मेरे शिक्षक श्री सुनील पाण्डेय सर जी को, जिन्होंने उन शब्दों को सिखाया जिसे आप आगे की पंक्तियों में देखेंगे।

किसी कविता को उनके समझाने के तरीके से मैंने सीखा कि कविता में कैसे शब्द होने चाहिए और कितनी सटीक अर्थ निकालनी पड़ेगी।

और अंत में, मैं उस महामानव का खुद के लिए आशीष लिखूँगा जिन्होंने लिखना सिखाया। जिस वट वृक्ष के तने का एक जटा (जड़) होकर खुद को सौभाग्यशाली मानता हूँ। घटती उम्र के बीच अभी भी उनकी सादगी जिनको खेत जाना और अपनी फसलों को उगाना पसंद है, कमाल की है। उन पर चाहूँ तो पूरी किताब बन सकती है। आज भी ज्ञान से लबरेज मेरे प्यारे नानाजी श्री दिनेश प्रसाद सिंह जी, जो दशकों तक अध्यापक के रूप में कई

सरकारी स्कूलों में अपनी सेवा दे चुके हैं। जिनकी लिखी हुई स्वच्छता विषय पे भाषण ने हमें पहली बार लिखने पे प्रेरित किया था। सभी ने उस भाषण में मेरा प्रथम स्थान देखा पर हमने पहली बार अपने अंदर लिखने की आग देखी थी।

फिर अभिमन्यु की वीर गाथा ने एक अलग मोड़ दिया जो आप आगे पढ़ेंगे। हम दो कवियों को सुनकर बदलाव लाए, जिसमें श्री कुमार विश्वास सर से 'शृंगार' और श्री आशुतोष राणा सर से 'रौद्र रस' लिखना सीखा।

भूमिका

किताब का उद्देश्य

मेरे कलम का नाम 'कटाक्ष' है और 'कटाक्ष' ही हमारा उद्देश्य भी है। 'आग के फूल' आपको इसका अहसास भी कराएगी। जिसका सुंदर सा मतलब है—ऐसी खूबसूरती जिसमें ज्वाला सा तेज हो। 'आग के फूल' (वीरता की आग और कविता की कोमलता), जिसमें वीर हस्तियों की कहानी आपको इतिहास और शौर्य बताएगी; प्रेरणा देती पंक्तियों से आपके अंदर कुछ करने का जोश उमड़ेगा, सामाजिक कुरीतियों पे प्रहार आपकी अंतरात्मा

झकझोरेगी और राजनीति पर व्यंग्य आपको आईना दिखाने को तैयार है।

हमारी खुद की कहानी, हमारी चाहत, खासकर 'बादलकांठा', कविता हमारे कलम की धार और एक लेखक की प्रतिज्ञा सुनाएगी। इसमें किसानों की चिंता, फिर माँ की ममता और नारी की सहनशीलता व ऊँचाई दिखेगी। बचपन की यादों को याद करते हुए इसे प्रेम के जज़्बात पे खत्म करेंगे।

'आग के फूल' ज्यादातर सामाजिक, राजनीतिक, धार्मिक, व्यक्तिगत या स्वयं 'मैं' के ऊपर एक व्यंग्य-कटाक्ष करने की कोशिश करती है, जो कि एक परिवर्तन की मशाल लेकर आगे बढ़ने का प्रयास है। यह समाज में एक नया बदलाव, सुंदर जीवन, मर्यादा, शिक्षा और सामाजिक समझ देखना चाहती है।

इस पुस्तक में पिरोए गए काव्य-शब्द कहीं न कहीं देखी गई खूबसूरती, व्यंग्य, हमारी इच्छा और समाज के उन प्रेम के साथ निर्लिप्त छल को भी देख कर उपजे हैं। हमारी हर पंक्ति में कही गई बातें समाज के द्वारा ही कही गई हैं, हमने बस उसे लयबद्ध तरीके से सजाने की कोशिश की है। मुख्य रूप से मैं रौद्र रस, वीर रस और श्रृंगार रस को प्राथमिकता दे रहा हूँ।

ये मेरी पहली पुस्तक है जो आप सबके बीच आ रही है। मेरा उद्देश्य अपनी कलम के साथ आप लोगों के बीच पहुँचने का भी है, जहाँ प्रेम उड़ेल कर आप हमें कलम के शब्दों के साथ अपनाएँ।

भले मैं कागज़ कोरी लिखूँगा
पर घोंसले को बाँधे डोरी लिखूँगा
सो जाएँ भूख में भी बच्चे
शायद ऐसी कोई मैं लोरी लिखूँगा।

भाग – ।

शौर्य गाथा

1. अभिमन्यु

2. लक्ष्मीबाई

3. शिवा मराठा

4. पर्वत पुरुष - दशरथ मांझी

अभिमन्यु

कविता की पृष्ठभूमि

अभिमन्यु का चरित्र केवल एक वीर बालक की कहानी नहीं है, बल्कि वह उस साहस का प्रतीक है जो यह जानते हुए भी मौत की ओर बढ़ता है कि उसे वापस आने का रास्ता नहीं पता। इस कविता को लिखने का मेरा उद्देश्य उस 'षड्यंत्र' को कागज़ पर उतारना था जिसने युद्ध के नियमों को पैरों तले रौंद दिया था।

'रण साक्षात चक्रव्यूह परिष्कृत' कहकर मैंने उस जटिलता को दिखाया है जिसे तोड़ना असंभव था, फिर भी एक सोलह साल के 'शावक' ने छह द्वारों तक अपनी वीरता का लोहा मनवाया। 'अमद अभिमन्यु' शब्द का प्रयोग मैंने उस योद्धा की सात्विकता और उसकी निडरता को दिखाने के लिए किया है, जिसे न हार का डर था और न ही जीत का अहंकार।

इसे लिखने का सबसे बड़ा कारण यह था कि मैं पाठकों को बता सकूँ कि अधर्म चाहे कितना भी बड़ा क्यों न हो और गीदड़ों का झुंड कितना भी विशाल क्यों न हो, एक 'अकेला' सत्य का योद्धा जब लड़ता है, तो भले ही उसकी साँसें रुक जाएँ, पर वह अमरत्व

को प्राप्त कर लेता है। यह कविता हर उस इंसान के लिए प्रेरणा है जो अपने जीवन के चक्रव्यूह में अकेला खड़ा है।

शब्दार्थ

रुद्र (Rudra): शिव का भयंकर रूप (Fierce form of Shiva)
स्तब्ध (Stabdha): सुन्न या चकित (Stunned/Motionless)
व्यूह (Vyuha): सेना की विशेष रचना (Battle formation)
सुभद्रा-लाल (Subhadra-Laal): सुभद्रा का पुत्र, अभिमन्यु (Son of Subhadra)
ललाट (Lalaat): माथा (Forehead)
रिपु (Ripu): शत्रु या दुश्मन (Enemy)
कृपाण-कटारी (Kripaan-Katari): तलवार और खंजर (Sword and Dagger)
परिष्कृत (Parishkrit): सुसज्जित या जटिल (Refined/Elaborate)
विकराल (Vikraal): भयानक या विशाल (Terrifying/Formidable)
यथाशीघ्र (Yathashighra): तुरंत या जितनी जल्दी हो सके (As soon as possible)

घृणित (Ghrinit): नफरत के लायक या नीच (Despicable/Hateful)

शावक (Shawak): शेर का बच्चा (Lion cub)

तप्त (Tapt): गरम या जलती हुई (Burning/Hot)

अमद (Amad): जिसमें अहंकार न हो या जो अविचल रहे (Indomitable)

अमरत्व (Amartva): मोक्ष या अमर हो जाना (Immortality)

अभिमन्यु

धर रूप रुद्र, कर स्तब्ध युद्ध,
रण देख-देख, व्यूह भेद-भेंद।
चले अग्नि-चाल, दुश्मन बेहाल,
बना सबका काल, था सुभद्रा-लाल।

सोलह वर्ष का छोटा बालक,
तेज ललाट की चमक रही थी।
रिपु कौरवों का धड़ लुढ़का था,
कृपाण-कटारी खनक रही थी।

रण साक्षात चक्रव्यूह परिष्कृत,
सात चक्र विकराल निर्मित।
छह विघ्न यथाशीघ्र यथोचित,
सातवां में हुआ अधर्म घृणित।

अभिमन्यु

समूह ने एकल पे वार किया,
पुनः-पुनः प्रहार किया।
धर्म-युद्ध को धिक्कार दिया,
गीदड़ झुंड ने शावक मार दिया।

पुष्प वर्षा हो रही थी,
तप्त ज्वाला बुझी पड़ी थी।
पाट-पाट अश्रुधार ढरी थी,
अमद अभिमन्यु ने अमरत्व ले ली थी।

लक्ष्मीबाई

कविता की पृष्ठभूमि

इतिहास में झाँसी की रानी का नाम शौर्य का पर्याय है, लेकिन इस कविता को तराशने का मेरा उद्देश्य उनके व्यक्तित्व के उस विरोधाभास (Contrast) को दिखाना था जहाँ एक तरफ 'बरछी-कटारी' उनके शौक थे, तो दूसरी तरफ एक माँ का कोमल हृदय भी था।

मैंने 'रणबांकुरा' और 'वेग तुरंग' जैसे शब्दों का प्रयोग इसलिए किया है ताकि पाठक उस युद्धभूमि की तीव्रता को महसूस कर सके जहाँ घोड़ों की रफ़्तार हवाओं से बातें करती थीं। इसे लिखने का एक बड़ा कारण यह भी था कि मैं उस मानसिक पीड़ा को बयां कर सकूँ जब रानी ने अपनी संतान और पति को खोया, लेकिन फिर भी अपनी 'झाँसी' के लिए शोक की लहरों से बाहर निकलकर काली का रूप धर लिया।

यह कविता केवल एक रानी की कहानी नहीं है, बल्कि यह हर उस इंसान के लिए एक मिसाल है जिसे अपनों ने 'आघात' पहुँचाया हो।

यह संदेश देती है कि जब रक्षक ही भक्षक बन जाएँ और गद्दारी अपनों से मिले, तब एक नारी की छोटी सी टोली भी साम्राज्य हिलाने की ताकत रखती है। रानी का 'चैन से सोना' उनके अमरत्व का प्रतीक है, जो आज भी शत्रुओं के मन में भय पैदा करता है।

शब्दार्थ

रणचंडी (Ranchandi): युद्ध में चंडी माता का प्रचंड रूप (Goddess of war)

रणकाली (Rankali): युद्ध में काली माता का भयानक रूप (Goddess Kali of war)

विकट (Vikat): भयानक या कठिन (Terrible/Dreadful)

विक्राली (Vikrali): डरावनी या विकराल (Fierce)

रिपु (Ripu): शत्रु या दुश्मन (Enemy)

रक्त रंजीत (Rakt Ranjit): खून से लथपथ (Bloodstained)

वेग (Veg): गति या चाल (Speed)

तुरंग (Turang): घोड़ा (Horse)

अदम्य (Adamya): जिसे दबाया न जा सके या बहुत शक्तिशाली (Indomitable/Unstoppable)

कृपाण-कटारी (Kripaan-Katari): तलवार और खंजर (Sword and Dagger)

निराले (Nirale): अनोखे या अद्भुत (Unique/Extraordinary)

रणबांकुरा (Ranbankura): वीर योद्धा (Brave Warrior)

हताश (Hatash): निराश (Hopeless)

शोक (Shok): दुख (Grief)

धधक (Dhadhak): आग की ज्वाला (Blaze/Flame)

आघात (Aaghat): वार या चोट (Blow/Strike)

रक्तपात (Raktpat): खून-खराबा (Bloodshed)

लक्ष्मीबाई

लक्ष्मीबाई

रणचंडी रणकाली जैसी,
विकट रूप विक्राली जैसी।
रिपु गर्दन पे तलवार लगाकर,
रक्त रंजीत करने वाली जैसी।
वेग तुरंग की हवाओं जैसी,
लड़ती काली घटाओं जैसी।
एक भारतीय नारी में साहस इतनी,
लागे अदम्य भुजाओं जितनी।

बरछी भाल कृपाण कटारी,
शौक भी उनके निराले थे।
बड़े बलशाली हो रणबांकुरा,
सबको चित कर डाले थे।
लक्ष्मीबाई नाम योद्धा की,
गंगाधर की वो दीवानी थी।
गुलामी की बेड़ी से घृणा,
ऐसी झांसी की महारानी थी।

संतान गुजर गया गोद में,
पति प्राण पखारा पुत्र मोह में।
हाय रानी हताश हुई ओह,
राज्य डूब गया लहर शोक में।

जब नजर गोरों ने डाली काली,
धधक उठी तब झांसी वाली।
दे स्नेह एक बालक को मां का,
झांसी युवराज घोषित कर डाली।
जब अपनों से आघात हुई,
फिर रणभूमि में मुलाकात हुई।
छोटी सी नारी की टोली,
तलवारे चली रक्तपात हुई।

घायल होकर गिर गई सिंहनी,
जख्म देह पर भरे पड़े थे।
सो रही अब चैन से रानी,
अंग्रेज फिर भी डरे खड़े थे।

शिवा मराठा

कविता की पृष्ठभूमि

इतिहास अक्सर तारीखों में सिमट कर रह जाता है, लेकिन मेरा मानना है कि शिवाजी महाराज जैसे नायक तारीखों से ऊपर एक 'अहसास' हैं। इस कविता को लिखने की प्रेरणा मुझे उस समय मिली जब मैंने गौर किया कि आज के समय में लोग साहस और नीति (Strategy) के बीच का संतुलन खो रहे हैं।

मैंने यहाँ महाराज के उस 'रणचंडी' स्वरूप को उकेरा है जिसने केवल तलवार के दम पर नहीं, बल्कि अपने अडिग चरित्र के दम पर मुग़ल सल्तनत की नींव हिला दी थी। कविता में 'न्याय के लिए बदनाम' कहना यह दर्शाता है कि उनका न्याय इतना निष्पक्ष था कि वह अपनों के लिए कठोर और शत्रुओं के लिए काल बन गया।

इस रचना के माध्यम से मैं आज की पीढ़ी को यह याद दिलाना चाहता हूँ कि 'स्वराज्य' (Self-rule) केवल देश की आज़ादी नहीं, बल्कि अपने स्वाभिमान और अपनी संस्कृति को सीना तानकर जीने की कला है।

यह कविता मेरे अंदर के उस राष्ट्रभक्त का अर्पण है जो वीरता को ही असली श्रृंगार मानता है।

शब्दार्थ

केसरिया (Kesariya): भगवा रंग, जो त्याग और वीरता का प्रतीक है (Saffron color)

भवानी (Bhavani): शिवाजी महाराज की तलवार का नाम/माता भवानी (Goddess/Sword name)

रणभेरी (Ranbheri): युद्ध का बिगुल (War trumpet)

रणबांकुरा (Ranbankura): अत्यंत साहसी योद्धा (A very brave warrior)

गनिमी कावा (Ganimi Kava): छापामार युद्ध नीति (Guerrilla warfare tactics)

निपुण (Nipun): कुशल या माहिर (Expert/Skilled)

अचल (Achal): जो हिल न सके या स्थिर (Immovable/Steadfast)

अदम्य (Adamya): जिसे दबाया न जा सके (Indomitable)

अडिग (Adig): अपने स्थान पर टिका रहने वाला (Firm/Unshakable)

हुंकार (Hunkar): गर्जना या ललकार (Roar/War cry)

अरी दल (Ari Dal): शत्रुओं की सेना (Enemy army)
वक्ष विदारण (Vaksh Vidaran): छाती चीर देना (Tearing the chest)
युगप्रवर्तक (Yugpravartak): नए युग की शुरुआत करने वाला (Era-maker)
कालजयी (Kaaljayi): समय को जीतने वाला या जो हमेशा अमर रहे (Timeless/Eternal)
क्रांति पुंज (Kranti Punj): क्रांति का केंद्र या समूह (Source of revolution)

शिवा मराठा

शिवा मराठा

माथे पे टीका सजा केसरिया,
हाथों में प्यासी भवानी तलवार।
हर-हर महादेव आए जुबां पे,
फिर तलवार गर्दन के पार।
चाल में जैसे अलग बात था,
दुश्मनों के लिए अंधेरी रात था।
अफजल खान की छाती फाड़ी,
शाइस्ता खान का अधूरा हाथ था।

हिंदवी स्वराज्य का नींव रखा जो,
छत्रपति शिवाजी नाम था।
रणभेरी भरता रणबांकुरा,
भगवा लहराना दाम था।
मराठा कहते घर के जिसको,
न्याय के लिए बदनाम था।
गनिमी कावा का निपुण योद्धा,
शिव तांडव सा काम था।

रक्त रंजित यह धरा था,
वहाँ और लहू के छीटें डाले।
हिंदवी स्वराज्य की लालसा,
उसने कई अचल हिमालय पाले।
साथी भी उनके बारे अदम्य थे,
रंग में जैसे अडिग खंभ थे।
तन्हाजी जैसा दोस्त था जिनका,
प्रलय की ज्वाला को जो बुझाले।

प्रलयकारी हुंकार था जिसका,
शिवनेरी किले के रखवाले।
अरी दल का वक्ष विदारण,
युगप्रवर्तक शिवाजी ने कर डाले।
सोचा मै भी सीख लूं उनसे,
की एक कालजयी ऐसा था।
इतिहास से पन्ने कितने पलटो,
न कोई उस क्रांति पुंज के जैसा था।

पर्वत पुरुष-दशरथ मांझी

कविता की पृष्ठभूमि

दशरथ मांझी की कहानी महज़ एक व्यक्ति की नहीं, बल्कि 'इंसानी जुनून' की पराकाष्ठा है। इस कविता को लिखने के पीछे मेरा भाव यह था कि मैं बता सकूँ कि जब प्यार और बदले की आग एक साथ जलती है, तो वह पहाड़ को भी धूल चटा सकती है।

फगुनिया का जाना और उसके पीछे उस 'निर्जीव' पहाड़ का कारण होना, दशरथ के लिए केवल एक व्यक्तिगत क्षति नहीं थी, बल्कि उस पूरी व्यवस्था के खिलाफ़ एक चुनौती थी जो गरीबों के लिए रास्ता नहीं बनाती। मैंने 'छेनी-हथौड़े' के प्रहार और 'पहाड़ के चित्कार' का वर्णन इसलिए किया है ताकि पाठक उस 22 साल के लंबे संघर्ष के हर एक ज़ख्म को महसूस कर सके। यह कविता उन सभी के लिए एक सबक है जो छोटी-सी मुश्किल आने पर हार मान लेते हैं। दशरथ मांझी हमें सिखाते हैं कि अगर हौसला बुलंद हो, तो 'गिरिराज' (पहाड़ों का राजा) भी छोटा पड़ जाता है। यह रचना एक साधारण मज़दूर के 'असाधारण' संकल्प को मेरा नमन है।

शब्दार्थ

गिरिराज: पर्वतों का राजा या विशाल पहाड़ (King of mountains/Great mountain)

अचरज: आश्चर्य या हैरानी (Wonder/Amazement)

गौण: ओझल हो जाना या गायब रहना (Secondary/Hidden/Absent)

प्रेम आगाह: प्रेम का इजहार करना या प्रेम के बारे में बताना (Expressing love)

दुर्गम: जहाँ पहुँचना बहुत कठिन हो (Difficult to access/Impassable)

चित्कार: चीख या कराह (Scream/Cry of pain)

सरफिरा: पागल या सनकी (Crazy/Eccentric)

आगाज़: शुरुआत या प्रारंभ (Beginning/Commencement)

अदम्य: जिसे दबाया न जा सके (Indomitable - संदर्भ के लिए)

पर्वत पुरुष - दशरथ मांझी

हिम्मत जिसने खुद में पाला,
बूढ़े शरीर से युवा निकला।
छेनी और हथौड़ा लेकर,
गिरिराज का सर नीचा कर डाला।
बिहार प्रांत की घटना है यह,
गया जिले की है ये कहानी।
गांव गहलौर, पहाड़ी इलाका,
जिसने जानी अचरज मानी।
गरीब मजदूर का बेटा था वह,
दिहाड़ी मजदूरी करता था।
जो भी मिलती उसे कमाई,
शान से पेट वो भरता था।
जमींदारी प्रथा थी वहाँ जोरों पर,
दशरथ जिसमें 'चौन-भौन' हुआ।
चला गया वो गांव छोड़ कर,
बहुत दिनों तक गौण हुआ।

पर्वत पुरुष - दशरथ मांझी

चला गया वो धनबाद,
कोयले की खान में काम किया।
जब याद सताई गांव की उसको,
आकर उसको प्रणाम किया।
पसंद आ गई उसे वहां फगुनिया,
उससे वो प्रेम आगाह किया।
जब ना माने उसके घरवाले,
भगा कर उससे विवाह किया।
बहुत खुशी से चली थी जिंदगी,
दशरथ को दो संतान हुए।
आगे फिर हुआ वो ही जो,
न सोचे थे वो भगवान किए।
चली गई फगुनिया उसे छोड़ कर,
कारण बस वो पहाड़ था।
पर्वत का रास्ता दुर्गम था,
वही राह की दीवार था।
दशरथ ने तब ये इरादा किया,
उसने पहाड़ से वादा किया—
कि "चीर देंगे छाती तेरी",
और उसने उम्मीद से भी ज्यादा किया।

छेनी-हथौड़ा औजार था,
वार पे उसका वार था।
निकल रही खटखट आवाज़ें,
शायद पहाड़ का चित्कार था।
तीन सौ साठ फीट की लंबाई,
तीस फीट चौड़ाई थी।
चालीस फीट ऊँचा था वह,
जिस पहाड़ की छाती चिराई थी।
और बाईस वर्ष का युद्ध चला था,
जिस पर विजय आगाज़ हुआ।
जो कहते थे उसे पागल-सरफिरा,
उनको भी दशरथ पर नाज हुआ।

भाग – II

मर्म

1. किसान
2. बच्चा बना दे
3. कागज
4. माँ
5. नारी
6. आत्म हुंकार
7. भीड़ में अकेला

किसान

किसान

कविता की पृष्ठभूमि

यह कविता मेरे मन में उस समय उपजी जब मैंने एक किसान को हल चलाते हुए उसके चेहरे की झुर्रियों को गौर से देखा। लोग अक्सर बारिश का आनंद लेते हैं, लेकिन एक किसान के लिए बारिश एक जुआ है—जो उसे आबाद भी कर सकती है और बर्बाद भी।

इस रचना को लिखने का मुख्य उद्देश्य किसान के उस 'मानसिक द्वंद्व' (Internal Conflict) को दिखाना है, जो हर कदम पर उसे घेर कर रखता है। एक तरफ प्रकृति की अनिश्चितता है (अतिवृष्टि और अनावृष्टि), और दूसरी तरफ सामाजिक और पारिवारिक जिम्मेदारियों का पहाड़—बेटी की शादी, पिता की पुरानी धोती, और महाजन का वह कर्ज जो कभी खत्म नहीं होता।
मैंने 'सूतों' (पुत्रों) को पढ़ाने की उसकी चाहत और 'रिश्ते निभाने' की उसकी विवशता को इसलिए जोड़ा है ताकि पाठक समझ सके कि किसान केवल अन्न नहीं उगाता, वह अपनी उम्मीदें और अपनी हसरतें भी उन्हीं खेतों में बोता है। अंत का वह 'खाली पेट

हल चलाना' हमारी पूरी व्यवस्था के मुंह पर एक सवालिया निशान है।

शब्दार्थ

अतिवृष्टि: बहुत अधिक बारिश होना, जिससे बाढ़ आ जाए (Excessive rainfall/Flooding)

अनावृष्टि: बहुत कम या बिल्कुल बारिश न होना, सूखा पड़ना (Drought/Scanty rainfall)

सुखार: सूखा पड़ने की स्थिति (Drought condition)

ढाणी: खेतों में बना छोटा कच्चा घर या झोपड़ी (A small hamlet/Hutment in fields)

पुआल: धान के सूखे पौधे या पैरा, जिसे पशु खाते हैं (Straw/Hay)

जोतों: जुताई किए गए खेत या मिट्टी (Ploughed fields)

सूतों: बेटों या पुत्रों को (Sons)

आगाह की: सचेत किया या ध्यान खींचा

परती खेत: वह खेत जिसे कुछ समय के लिए खाली छोड़ दिया गया हो (Fallow land)

हूर हह: बैलों को हांकने या चलाने के लिए किसान द्वारा निकाली जाने वाली आवाज़ (Traditional sounds made by farmers to drive oxen)

किसान

किसान चला खेत,
बैल हांकते हुए।
यह सोचते हुए,

पता नहीं बारिश कैसी होगी।
कम होगी या ज्यादा,
जरूरत भर,
या जरूरत से आधा।
अतिवृष्टि से आएगी बाढ़,
या अनावृष्टि के कारण सुखार।
कौन सा फसल बोएं,
मक्का, धान या मटर।
कौन सा फसल हमारी,
जरूरत पूरी करेगा साल भर।

बच्चे ने कपड़े मांगे हैं,

पत्नी ने साड़ी मांगी है।
पिता की फट गई कुर्ता-धोती,
एक कमरे की ढाणी छोटी।
भैंस बीमार है दूध नहीं देती,
शादी के योग्य हो गई है बेटी।

पुआल पड़ी है खेतों में,
पानी पड़ेगी जोतों में।
भैंस के इलाज कराने हैं,
बेटी के घर बसाने हैं।
महाजन से उधार लिए हैं,
उसको भी हमें चुकाने हैं।
खाद चाहिए खेतों को,
पढ़ने भेजना है सूतों को।
अगले फसल के बीज लाने हैं,
खेतों में घास निकालने हैं।

रिश्तेदार ने निमंत्रण भेजा है,
रिश्ते भी हमें निभाने हैं।

अचानक किसी ने आवाज दी,
बैलों को ले आगाह की।

दौड़ा-दौड़ा गया वो खेत,
चर जाता तो क्या भरता पेट।
जल्दी से बैलों को हांक के लाया,
परती खेत में जोत लगाने।
आज भी हूर हह कर,
खाली पेट लगा हल चलाने।

बच्चा बना दे

कविता की पृष्ठभूमि

बचपन की वह दुनिया कितनी सुंदर थी, जहाँ हमारी सबसे बड़ी समस्या सिर्फ एक खिलौना या एक निवाला होती थी। इस कविता को लिखने का मुख्य कारण उस 'बड़प्पन' के बोझ को उतार फेंकना है जिसे हम सब ढो रहे हैं। जैसे-जैसे हम बड़े होते हैं, हम मुस्कुराहटें खो देते हैं और जिम्मेदारियों के तले दब जाते हैं।

मैंने यहाँ माँ के उस आँचल और उस ममता को केंद्र में रखा है, जो दुनिया का सबसे सुरक्षित स्थान है। 'तेल चुपड़ना', 'दूध-शहद खिलाना' और 'आँचल की छाँव'—ये केवल यादें नहीं, बल्कि सुकून के वो लम्हे हैं जिन्हें हम आज की महँगी सुख-सुविधाओं में भी नहीं पा सकते।

लेखक के तौर पर 'सच्ची-सच्ची कहना' और 'प्रतिज्ञा करना' उस मासूम ज़िद को दर्शाता है जो हर वयस्क के भीतर कहीं न कहीं जीवित है।

यह कविता पाठकों को उस खोए हुए बचपन की सैर पर ले जाती है और उन्हें याद दिलाती है कि दुनिया के लिए हम चाहे कितने भी बड़े क्यों न हो जाएँ, भीतर से हम हमेशा वही छोटे बच्चे रहना चाहते हैं।

शब्दार्थ

किलकारियां: बच्चों की खुशी की चीख या हँसी की आवाज़ (Joyful screams of a child/Giggles)

आँचल: माँ की साड़ी का पल्लू या कोना (The edge of a mother's saree, symbolizing protection and love)

चुपड़कर: तेल या घी को अच्छी तरह लगाना (Anointing or smearing oil/butter)

गात: शरीर या बदन (Body)

इठलाएगी: नखरे दिखाना या गर्व से झूमना (To sway with joy/Be proud and expressive)

कोरे कागज: सादा या बिना लिखा हुआ पन्ना (Blank paper)

प्रतिज्ञा: कसम या पक्का वादा (Pledge/Vow)

बच्चा बना दे

बच्चा बना दे

शायद कोई मुझे बच्चा बना दे,
चेहरे पर किलकारियां ला दे।

बड़ा मैं कभी न बनूँगा ,
सच्ची-सच्ची कहता हूँ

माँ मुझे नहलाएगी,
आंचल से पोंछ सजाएगी।
दूध-शहद, चुटकी भर चावल,
खुद से वह खिलाएगी।
चुपड़कर तेल, सजाकर गात,
आंचल छांव में सुलाएगी।

अपने लाडले मुन्ने को,
देख-देख इठलाएगी।

मैं हरदम मुस्कुराऊंगा,
कोरे कागज पर लिखता हूँ ।
बड़ा मैं कभी न बनूँगा,
सच्ची-सच्ची कहता हूँ ।

रोऊँगा मैं वैसे ही,
बच्चे रोते हैं जैसे।

परेशान ना करूँगा किसी को,
रहते अच्छे बच्चे जैसे।
देख हँसी मेरी प्यारी सी,
गोद न कोई लेगा कैसे?
सबका मन बहलाऊँगा ,
लिखित प्रतिज्ञा करता हूँ।
बड़ा मैं कभी न बनूँगा ,
सच्ची-सच्ची कहता हूँ ।

कागज

कविता की पृष्ठभूमि

यह मेरी सबसे पहली सम्पूर्ण कविता है। बहुत खास तो नहीं है, पर मेरे दिल के बेहद करीब है। पहली रचना और पहली छोटी-सी सफलता होने के कारण मैंने इसे भी इस पुस्तक में स्थान दिया है।

यह कविता मेरे मन में उस समय उपजी, जब मैंने एक सफेद कागज़ पर 'पर्यावरण संरक्षण' का नारा लिखा देखा। तभी मुझे अचानक यह एहसास हुआ कि जिस संदेश को हम फैलाना चाहते हैं, उसी संदेश को फैलाने का माध्यम भी कहीं न कहीं उस विनाश का हिस्सा है।

मैंने इस रचना के माध्यम से कागज़ की 'ताकत' और 'कीमत' के बीच के अंतर को दिखाने का प्रयास किया है। कागज़ हमें अमीर भी बना सकता है (रुपयों के रूप में) और ज्ञानी भी (किताबों के रूप में), लेकिन इसके बदले में हम उस 'जीवनदाता' (पेड़) की बलि चढ़ा देते हैं, जो हमें साँसें और भविष्य देता है। 'अगण्य पेड़ों

का कटना' हमारी उस लालची मानसिकता को दर्शाता है, जो अपने लाभ के लिए जड़ों को काटने से भी नहीं हिचकती।

अंत में 'हाय रे शर्म' कहना केवल एक जुमला नहीं, बल्कि मानवता की उस दोगली सोच पर एक तीखा प्रहार है, जहाँ हम विनाश करके ही संरक्षण का उपदेश देते हैं। यह कविता पाठकों को उनकी सुख-सुविधाओं की असली कीमत समझने पर मजबूर करती है।

शब्दार्थ

अगण्य: अनगिनत (Countless)

कागज

कागज

एक छोटी सी कागज,
हमें कितनी बात बता जाती है।
रुपए के वेश में धनवान बना जाती है,
पुस्तक के वेश में विद्वान बना जाती है।
पर यह जिससे रचते हैं,
उस पेड़ को सोचो।
हमें भोजन, हवा और जल देता है,
हमें खिलने के लिए कल देता है।
और हम मूर्ख लोग...
अगण्य पेड़ काटते हैं,
उसका कागज बनाते हैं,
और उस पर लिखते हैं—
"पेड़ लगाओ, पेड़ बचाओ"
हाय रे शर्म!
थोड़ा तो आओ।

माँ

कविता की पृष्ठभूमि

माँ केवल एक शब्द नहीं, बल्कि इस सृष्टि का सबसे पवित्र एहसास है। इस कविता को लिखने का मेरा उद्देश्य उस निस्वार्थ और अनमोल प्रेम को शब्दों में ढालना है, जो हमें केवल माँ से प्राप्त होता है।

अक्सर हम दुनिया की चकाचौंध, बड़े होटलों के भोजन और मखमली गद्दों में सुख ढूँढते हैं, लेकिन जो सुकून माँ की गोद और उसकी सूखी रोटी में मिलता है, वह कहीं और संभव नहीं।

मैंने यहाँ 'पुचकार' और 'आँचल' जैसे शब्दों का प्रयोग इसलिए किया है, क्योंकि ये माँ की ममता के सबसे सरल और गहरे प्रतीक हैं।

कविता का अंतिम भाग समाज के उस कड़वे सच पर प्रहार करता है, जहाँ लोग अपने बुज़ुर्गों का अनादर करते हैं।

यह कविता उन लोगों के लिए एक आईना है, जो माँ की अहमियत नहीं समझते, और उन लोगों के लिए एक श्रद्धांजलि भी है, जो आज माँ के साये से दूर रहकर भी उनकी दुआओं को महसूस करते हैं।

यह 'बादल' की अपनी जड़ों और अपनी माँ प्रियंका सिंह के प्रति व्यक्त की गई एक छोटी-सी कृतज्ञता है।

शब्दार्थ

पुचकार: प्यार से सहलाना या चूमना (Affectionate caress/kiss)

सगा: अपना या सगा सम्बन्धी (Relative/Own kin)

निश्छल: जिसमें कोई छल या कपट न हो (Pure/Guileless)

दगा: धोखा या छल (Deceit/Treachery)

चाशनी: चीनी का सिरप (Sugar syrup)

ज़ालिम: क्रूर या अत्याचारी (Cruel/Oppressive)

माँ

माँ

शब्द 'माँ' कैसा है पता नहीं,
पर उससे खूबसूरत इंसा रचा नहीं।
बात तो थी माँ की गोद में सोने में,
इन गद्दों और मखमलों में वह मज़ा नहीं।

जो चोट ठीक होती थी,
बस मेरी माँ के पुचकार से।
मिली अभी तक ज़माने में,
कोई भी ऐसी दवा नहीं।

मिले बाप सा सहारा हमें,
भाई सा मिले साथ।
फिर भी ऐसा लगता है,
कि माँ सा कोई सगा नहीं।

प्रेम जहाँ निश्छल रहता,
जहाँ सदा स्नेह का भाव उमड़ता।
माँ का आँचल ही है वो,
जहाँ पे कोई दगा नहीं।
बड़े-बड़े इमारती होटल गए,
खाए हज़ारों पकवान।
चीनी की चाशनी से लिपटी,
माँ की रोटी सा कोई लगा नहीं।

बहुत दूर निकला है 'बादल',
अपने घर को छोड़कर।
फिर भी ऐसा लगता है जैसे,
सर से माँ का हाथ हटा नहीं।

माँ पर हाथ उठाते हैं कैसे,
ये ज़ालिम लोग ज़माने के?
कीमत पूछो उस देवी की उनसे,
हैं जिनके पास माँ नहीं।

नारी

कविता की पृष्ठभूमि

समाज अक्सर नारी की कोमलता को उसकी 'कमजोरी' समझ लेता है, जबकि वही कोमलता सृजन की सबसे बड़ी शक्ति है। इस कविता को लिखने का मेरा उद्देश्य उस दोहरी मानसिकता को उजागर करना है, जहाँ हम एक तरफ नारी को 'देवी' और 'आराध्य' मानते हैं, और दूसरी तरफ उसकी गरिमा पर चोट करते हैं।

मैंने यहाँ स्पष्ट किया है कि नारी को अपनी 'संपूर्णता' साबित करने की ज़रूरत नहीं है; जो उस पर सवाल उठाता है, कमी असल में उसकी अपनी सोच में है। 'स्वयं के रक्त से नए जीवन का निर्माण' करना दुनिया का सबसे बड़ा चमत्कार है, जिसे नारी सहजता से करती है।

कविता का अंतिम हिस्सा एक चेतावनी है—कि अगर समाज ने 'हीरे' (नारी) की कीमत नहीं समझी और उसकी सुरक्षा सुनिश्चित नहीं की, तो वह दिन दूर नहीं जब इस दुनिया में नारी का अस्तित्व ही एक अंतहीन संघर्ष बन जाएगा।

यह रचना हर उस इंसान के लिए एक आईना है जो नारी को केवल एक वस्तु या कमजोर कड़ी के रूप में देखता है।

शब्दार्थ

पर्याय: समान अर्थ वाला या दूसरा रूप (Synonym/Equivalent)

अभिप्राय: अर्थ या मतलब (Meaning/Significance)

संशय: शक या संदेह (Doubt/Uncertainty)

नवल: नया या आधुनिक (New/Fresh)

असाध्य: जिसे करना बहुत कठिन या असंभव हो (Impossible/Unachievable)

आराध्य: जिसकी पूजा की जाए या पूजनीय (Worshipped/Revered)

नारी

नारी

सोई ज्वाला घरों में,
धधकने की बस देरी है।
पंखों में जान बहुत है इनके,
उड़ने की बस देरी है।
नारी इच्छा, नारी प्रेरणा,
समर्पण का पर्याय है।
आँसू आते जिसे थोड़े दुख में,
वही दुर्गा का अभिप्राय है।

स्त्री स्वयं में संपूर्ण है जग में,
उससे प्रमाण न मांगों संपूर्णता का।
अगर तेरे दिल में संशय है,
तो यह प्रमाण है तेरी अपूर्णता का।
नारी ने स्वयं के रक्त से,
नए जीवन का निर्माण किया।
वक्त जो बीता वो तो है ही,
नवल जीवन का दान दिया।
स्नेह की मूरत, ममता की देवी,
जहाँ प्यार हमेशा पाते हैं।

फिर उसके त्याग-भाव को,
कमजोरी हम बतलाते हैं।
अमृत जिसके तन में बहता,
हम जीवन जिससे पाते हैं।
अपना मन कमजोर बनाकर,
फिर नजर उसी पे फिराते हैं।

उन निगाहों का उठाकर चलना,
यहाँ बहुत बड़ा अपराध है।
दानव उनका दामन लूटते हैं,
जो स्वयं अपनी आराध्य हैं।

हीरे का सबको मोल समझाना,
क्या इतना असाध्य है?
अगर जमाना न संभला तो,
नारी होना ही अपराध है।

आत्म हुंकार

कविता की पृष्ठभूमि

यह कविता मेरे भीतर के उस आक्रोश और सहानुभूति का मिला-जुला रूप है, जो मैं उन लोगों के लिए महसूस करता हूँ जो अपनी काबिलियत पर शक करने लगते हैं। समाज में अक्सर इंसान को उसकी परिस्थितियों, उसकी आर्थिक स्थिति या उसके जन्म से तौला जाता है, जिससे वह खुद को 'निर्बल' मान बैठता है।

मैंने इस कविता के माध्यम से उस 'आंतरिक ज्वाला' को संबोधित किया है जो हर इंसान के भीतर मौजूद है, बस उसे एक 'हुंकार' की ज़रूरत है।

लिखने का मकसद यह साफ़ करना था कि सफलता किसी बाज़ार (हाट) में नहीं बिकती, बल्कि यह आपके अपने दिमाग के संकल्प और बाजुओं की ताकत से पैदा होती है।

'पाषाणों में कमल खिलाना' महज़ एक मुहावरा नहीं, बल्कि उस असंभव को संभव करने की ज़िद है जो एक योद्धा के भीतर होनी चाहिए। यह कविता हर उस युवा के लिए एक 'वेक-अप कॉल' (Wake-up call) है जो कल के इंतज़ार में आज को गँवा रहा है।

शब्दार्थ

हुंकार: गर्जना या ललकार (Roar/War cry)

प्रबल: बहुत शक्तिशाली या तेज़ (Strong/Powerful)

पाषाणों: पत्थरों (Stones/Rocks)

सृजित: निर्माण करना या पैदा करना (Create)

कंचन: सोना (Gold)

अनुज: छोटा भाई (Younger brother)

नवल: नया (New/Fresh))

विडंबनाओं: विसंगतियों या दुर्भाग्यपूर्ण स्थितियों (Ironies/Misfortunes)

कायाकल्प: शरीर या रूप को पूरी तरह बदल देना (Transformation/Rejuvenation)

आत्म हुंकार

उठ, जग भर हुंकार प्रबल,
पाषाणों में भी खिलें कमल।
बाजू की ताकत से हो जा सफल,
मत समझ तू है दुर्बल-निर्बल।

दिल में बसा ऐसी ताकत,
कि पूजे तुझे यह दुनिया कल।
तुम ऐसी ज्वाला सृजित करो,
कि कंचन बहने लगे कल-कल।

बैठे मक्खी मार मत कायर,
बदलने अपनी तकदीर को चल।
असली योद्धा बनने को मचल,
मत समझ तू है दुर्बल-निर्बल।

आत्म हुंकार

इस जात-पात, इस धर्मवाद,
चल छोड़ समाज, तू बाहर निकल।
हे सैन्य अनुज! बदल दे धारा,
तेरे अंदर है रक्त नवल।

तू कर सकता है, सह सकता है,
दिखला दे अपना बाहुबल।
विडंबनाओं को दूर हटाए चल,
मत समझ तू है दुर्बल-निर्बल।

क्या करेगा कायाकल्प यह तेरा,
कहाँ शोभेगा तेरा रूप-शकल।
कल गया, अभी भी चला गया,
वक्त है कल, कल को तो संभल।

हाट में मिलते हौसले नहीं,
दिमाग में तू ही अपने तल,
पथ पे बढ़ते रह पल-पल।
मत समझ तू है दुर्बल-निर्बल।

भीड़ में अकेला

कविता की पृष्ठभूमि

यह रचना मेरे साहित्यिक सफर का वह पहला कदम है, जिसने मुझे एक लेखक के रूप में खुद से मिलवाया। इसे लिखते समय मेरे मन में उस आधुनिक समाज के प्रति एक गहरी जिज्ञासा और थोड़ी पीड़ा थी, जिसे हम 'भीड़' तो कहते हैं पर जहाँ कोई किसी का सगा नहीं है।

पहली बार कलम उठाते हुए मैंने महसूस किया कि यह दुनिया बहुत बड़ी है, लेकिन लोग इसमें छोटे-छोटे स्वार्थों के घेरे में सिमट गए हैं। 'पेड़ के पात' की वह उपमा मेरे पहले अनुभव की वह सच्चाई है जिसने मुझे यह सोचने पर मजबूर किया कि क्या हम सिर्फ शरीर से साथ हैं या दिल से भी? यह कविता मेरी आने वाली हर रचना की नींव है, क्योंकि यहीं से मैंने इंसानी रिश्तों की परतों को समझना शुरू किया था।

यह मेरे लिए महज़ शब्द नहीं, बल्कि मेरी उस आवाज़ की पहली गूँज है जो आज तक जारी है।

अक्सर शहरों की भीड़ में चलते हुए या मेट्रो-बसों में लोगों को अपने फोन में डूबा देख यह सवाल मन में कौंधता है कि क्या हम वाकई सामाजिक प्राणी रह गए हैं? इस कविता को लिखने का मुख्य कारण उस 'आधुनिक अकेलेपन' को उजागर करना है, जहाँ हम हज़ारों लोगों के बीच होते हुए भी किसी से बात नहीं करते।

लोग अपने 'गंतव्य' (Target) को पाने की ऐसी अंधी दौड़ में शामिल हैं कि बगल में बैठे इंसान का हाल पूछने का 'समय' भी उनके पास नहीं बचा है। 'पेड़ के पात' का उदाहरण मैंने इसलिए दिया क्योंकि पत्ते एक ही पेड़ पर होते हैं, साथ हवा में झूमते हैं, पर एक-दूसरे के दुख-सुख से बेखबर रहते हैं और अंत में अकेले ही झड़ जाते हैं। यह कविता उस 'मतलबी' व्यवहार पर एक चोट है जहाँ हमने साथ होना तो सीख लिया, पर साथ जीना और फिक्र करना भूल गए हैं। यह रचना पाठकों को रुककर यह सोचने पर मजबूर करती है कि क्या तरक्की के नाम पर हम अपनी 'इंसानियत' तो नहीं खो रहे?

शब्दार्थ

बेखौफ: बिना किसी डर के या बेपरवाह (Fearless/Carefree)

गंतव्य: मंजिल या पहुँचने का स्थान (Destination)

गुफ्तगू: बातचीत (Conversation/Dialogue)

पात: पत्ता (Leaf)

हमसफ़र: साथ यात्रा करने वाला या साथी (Fellow traveler/Companion)

भीड़ में अकेला

भीड़ में अकेला

यह इतनी बड़ी दुनिया,
और इसमें रहने वाले लोग।
किसी को किसी से काम नहीं,
रहते हैं बेखौफ।
सभी मन के मतलबी सिर्फ,
गंतव्य तक जाना चाहते हैं।
लोगों से गुफ्तगू करने के लिए भी,
समय नहीं बचा पाते हैं।
यह एक साथ होना तो नहीं,
एक-दूसरे के साथ हँसना-रोना भी नहीं।
क्या हम पेड़ के पात हो गए हैं?
जो यहाँ साथ के हमसफ़र का,
फ़िक्र भी नहीं करते।

भाग – III

कटाक्ष

12. मै सच्चा नेता
13. वक्त
14. जाती के पत्थर दरिया के ख्वाब
15. अंधी जनता नंगी जनता
16. झूठा अहंकार

मै सच्चा नेता

कविता की पृष्ठभूमि

अक्सर हम राजनीतिज्ञों की चिकनी-चुपड़ी बातों में आकर अपना भविष्य उनके हाथों में सौंप देते हैं। इस कविता को लिखने का मेरा उद्देश्य उस 'सिस्टम' का पर्दाफाश करना है जो सत्ता पाने के लिए किसी भी हद तक गिर सकता है।

मैंने यहाँ 'स्याही में जहर' मिलाने की बात इसलिए की है क्योंकि एक लेखक के तौर पर मेरे पास दो ही रास्ते थे—या तो मैं इस गंदगी के खिलाफ चुप रहूँ, या अपनी कलम को हथियार बनाकर इस सच को लिखूँ।

इस व्यंग्य में 'अंधी जनता' और 'मुफ्त की चीज़ों' का ज़िक्र यह दिखाने के लिए है कि कैसे मतदाता को छोटे-छोटे लालच देकर बड़े-बड़े अपराध छिपा लिए जाते हैं।

'श्वेत झूठ' और 'विपक्ष पर इल्जाम' आज की राजनीति के स्थायी औजार बन चुके हैं।

अंत में 'सच-सच बतलाने' का दावा करना असल में पाठकों के लिए एक चेतावनी है कि जो चेहरा हमें दिखाया जाता है, उसके पीछे की नीयत कितनी भयानक हो सकती है। यह कविता समाज की आँखों से पट्टी हटाने की एक कोशिश है।

शब्दार्थ

दासता: गुलामी (Slavery/Servitude)

कूट-राजनीति: छल-कपट या साज़िश वाली राजनीति (Cunning politics/Intrigue)

धिक्कार: फटकार या तिरस्कार (Condemnation/Scorn)

चमेटा: थप्पड़ या तमाचा (Slap)

कुटुंब: परिवार (Family)

श्वेत-झूठ: ऐसा झूठ जो सच जैसा दिखे (White lie)

अगाध: बहुत अधिक या गहरा (Unfathomable/Immense)

कहाड़ते श्वान: कराहते या रोते हुए कुत्ते (Whining/Howling dogs)

जगपति: संसार का स्वामी या राजा (Lord of the world/Ruler)

मै सच्चा नेता

मै सच्चा नेता

एक प्याली में पड़ा जहर,
बोलो मैं किसे पिलाऊं?
करूं दासता स्वीकार किसी की,
या स्याही में जहर मिलाऊं?

जहर लिखे जो कलम हमारी,
तो क्या होगी तुम्हें स्वीकार?
वैसी ही करूं कूट-राजनीति,
तो जनता तो नहीं देगी धिक्कार?
हां! सोचा मैं भी करूं राजनीति,
बन जाऊं अब मैं भी नेता।
अंधी जनता पीछे रहेगी,
खाकर भी चार चमेटा।
राजनीति की सारी भाषाएं,
ऐसी ही तो यहाँ चलती हैं।
नेताओं के फलते घर-कुटुंब,
जनता बस भूखी मरती है।
कहूंगा कृष्ण-सत्य, श्वेत-झूठ,

सेवा नहीं, बस चाह लूट।
डालूंगा साथ लोगों में फूट,
खेलूंगा राजनीतिक कूट।
त्रुटि नहीं, अपराध करूंगा,
तनिक नहीं अगाध करूंगा।
इल्जाम सारा विपक्ष पे लगाकर,
सत्ता में मैं राज करूंगा।

कहाड़ते श्वान सी आवाजें,
जनता से जब आएगा।
मुफ्त की कुछ चीज़ दिलाकर,
यहाँ जगपति मैं बन जाऊंगा।

मैं पहला नेता हूं जो,
सब सच-सच बतला रहा।
बस ऐसा ही तो करूंगा फिर,
मैं ही चुन कर आ रहा!

वक्त

कविता की पृष्ठभूमि

वक्त दुनिया का सबसे बड़ा शिक्षक और सबसे बड़ा न्यायकर्ता है। इस कविता को लिखने का मेरा उद्देश्य पाठकों को यह अहसास दिलाना है कि हमारे हाथ में केवल 'कर्म' है, 'परिणाम' और 'समय' नहीं। मैंने वक्त को 'रक्त' के समान इसलिए बताया है क्योंकि समय ही वह ऊर्जा है जिससे संसार की हर गतिविधि संचालित होती है।

चाहे वह किसी मासूम का जन्म हो या किसी जीवन का अंत, किसी का वैभव हो या किसी की भुखमरी—सब कुछ समय के चक्र में बँधा है। अक्सर हम वक्त से लड़ने की कोशिश करते हैं, उसे अपने काबू में करना चाहते हैं, लेकिन यह कविता याद दिलाती है कि वक्त से टकराना केवल अपनी ही 'हानि' करना है।

अंत में अपनी कविताओं और प्रकृति का उदाहरण देकर मैंने यह स्पष्ट किया है कि सृजन से लेकर विनाश तक, सब कुछ इसी महाकाल (वक्त) के अधीन है। यह रचना एक विनम्र स्वीकृति है कि हम सब समय की धारा में बहते हुए केवल मुसाफिर हैं।

शब्दार्थ

रवानी: गति, बहाव या तेज़ी (Flow/Fluency)

लताओं: बेलों या रेंगने वाले पौधों (Creepers/Vines)

श्रेष्ठ: सबसे उत्तम या महान (Supreme/Best)

वक्त

वक्त रुकता नहीं कभी भी,
रक्त सा बहता जाता है।

जीवन का हर सुख-दुख,
वक्त स्वयं ही लाता है।

जीने का एक नया सलीका,
कुछ भी करने का तरीका—
वक्त स्वयं सिखलाता है।
वक्त रुकता नहीं कभी भी,
रक्त सा बहता जाता है।

शरीर में भरी रवानी का,
दुनिया में बहते पानी का।
किसी के जीवन शुरुआत की,
किसी के अंत कहानी का।

यहाँ किसी का भूखा रहना,
दुनिया में जीना और मरना—
वक्त ही तो सब निभाता है।
वक्त रुकता नहीं कभी भी,
रक्त सा बहता जाता है।

मेरी इन कविताओं का,
हरियाली भरे लताओं का।
फूलों में जो भरी ये खुशबू,
बरसते इन घटाओं का।
इन ज्वाला और सुनामी का,
दुनिया की इन कहानी का—
अंत भी वक्त करता है।
वक्त रुकता नहीं कभी भी,
रक्त सा बहता जाता है।

मत टकराना इससे कोई,
इसे रोक कोई न पाओगे।
जितना भी सोचोगे लड़ना,
अपने वक्त की हानि कराओगे।
वक्त श्रेष्ठ है जग में सबसे,
अमर चल रहा जाने कब से।
किस्मत का भी आना-जाना,
वक्त ही तो लाता है।
वक्त रुकता नहीं कभी भी,
रक्त सा बहता जाता है।

जाति के पत्थर , दरिया के ख्वाब

कविता की पृष्ठभूमि

यह कविता मेरे मन में उठ रहे उस द्वंद्व का परिणाम है, जो अक्सर परंपरा और व्यक्तिगत स्वतंत्रता के बीच उत्पन्न होता है। मैंने नदी (दरिया) को एक प्रेमी और एक विद्रोही के रूप में देखा है, और पहाड़ को उस पुराने सामाजिक ढाँचे या पिता के रूप में, जो सुरक्षा तो देता है, पर रास्ता रोककर खड़ा हो जाता है।

इसे लिखने का मुख्य उद्देश्य समाज की उस विडंबना को दर्शाना था, जहाँ हम 'अपनों' से प्रेम तो करते हैं, लेकिन यदि अपनी मंज़िल (समंदर) तक पहुँचना है, तो कभी-कभी उन्हीं अपनों द्वारा बनाई गई सीमाओं को तोड़ना पड़ता है। यह कविता एक सवाल भी है— क्या हम अपनी पहचान बनाने के लिए उस 'लीक' को छोड़ने के लिए तैयार हैं, जिस पर हमारे पूर्वज चलते आए हैं?

पहाड़ का 'रेत' बन जाना इस बात का प्रतीक है कि समय के साथ हर उस दीवार को झुकना या टूटना पड़ता है, जो किसी के विकास में बाधा बनती है। यह केवल एक प्राकृतिक दृश्य नहीं, बल्कि जातिगत और सामाजिक बंधनों के विरुद्ध एक खामोश क्रांति की कहानी है।

शब्दार्थ

दरिया: नदी (River)

लीक: पुराना रास्ता, परंपरा या लकीर (Established path/Track)

रिसे: धीरे-धीरे पानी का टपकना या रिसना (To ooze/Seep)

घट: कम होना या मिट जाना (To diminish/Erode)

जाति के पत्थर , दरिया के ख्वाब

एक दरिया बहती हुई,
टकराती है किसी पहाड़ से।
मांगती है रास्ता आगे बढ़ने का,
जिस लीक से वह आई है दूर से।

दरिया और लीक प्रेमी हैं कब के,
रुकावट अलग जाति की।
पहाड़ पिता है दरिया का,
और साथ बह जाना मंज़िल है।

दरिया अगर ताकत लगाए,
तो पहाड़ टूट जाएगा।
पहाड़ के साथ का रास्ता चुने,
तो पुराना लीक छूट जाएगा।

छाती से अगर रिसे पहाड़ की,
तो वह अंदर से टूट जाएगा।
ऊपर से बहने लगे जो दरिया,
पहाड़ रेत बन घट जाएगा।

पार करना भी ज़रूरी है,
समंदर को पाने के लिए।
पहाड़ का टूटना भी ज़रूरी है,
जाति-बंधन हटाने के लिए।

अंधी जनता नंगी जनता

कविता की पृष्ठभूमि

यह कविता मेरे भीतर के उस तीव्र आक्रोश (Aggression) की अभिव्यक्ति है, जो आज की भ्रष्ट राजनीति और सामाजिक पतन को देखकर पैदा होता है। अक्सर हम देखते हैं कि आपदाओं और मौतों पर भी राजनीति की रोटियाँ सेंकी जाती हैं। 'लाशों से चिथड़े उठाना' उस निर्दयी सत्ता का प्रतीक है जो गरीब की मौत से भी अपना फायदा ढूंढ लेती है।

इसे लिखने का गहरा कारण यह दिखाना था कि कैसे सरकारें केवल चुनाव के समय जागती हैं और तब तक आम आदमी गिद्धों के लिए मांस का टुकड़ा मात्र बनकर रह जाता है। मैंने 'जनता' को भी यहाँ कटघरे में खड़ा किया है क्योंकि जब तक जनता अंधी बनी रहेगी, तब तक यह राजनीति उन्हें इसी तरह डुबोती रहेगी।

यह कविता कोई प्रार्थना नहीं है, बल्कि एक कड़वा शाप और समाज के चेहरे पर लगा एक जोरदार तमाचा है ताकि शायद इस तल्खी को पढ़कर किसी की ज़मीर जाग जाए।

शब्दार्थ

चिथड़े: फटे-पुराने कपड़े (Rags/Tattered clothes)

खाक: राख या धूल (Ashes/Dust)

छल: धोखा या कपट (Deceit/Guile)

अंधी जनता नंगी जनता

श्मशानो के लाशों पर से,
फटे चिथड़े उठाने दो।
भिखमंगों के झुंड में घुसकर,
उनकी किस्मत चुराने दो।

सबकुछ जल जाने दो,
खाक हो जाने दो।
सरकार अभी भी सोई है,
इन्हें जरा और चिल्लाने दो।

चुनाव अभी तो आई नहीं,
जरा वक्त हो जाने दो।
लाश अभी है पड़ी हुई,
गिद्धों को जरा तो खाने दो।

प्रेम जहाँ पे भला दौड़ता,
वहाँ भी छल अपनाने दो।
इंसानों के देह में,
शैतानों को घर बसाने दो।

अंधी जनता, नंगी जनता,
इन्हें शर्म जरा तो आने दो।
राजनीति के मार में अब,
डूब इन्हें मर जाने दो।

झूठा अहंकार

कविता की पृष्ठभूमि

आज के दौर में इंसान पद, प्रतिष्ठा और धन के अहंकार में इतना अंधा हो गया है कि वह स्वयं को दूसरों से 'श्रेष्ठ' समझने लगा है। इस कविता को लिखने का मेरा उद्देश्य उसी मिथ्या अहंकार को तोड़ना है। मैंने यहाँ 'अर्थ-लोभ' (धन का लालच) और 'ईमान की हत्या' जैसे शब्दों का प्रयोग यह दिखाने के लिए किया है कि सफलता की अंधी दौड़ में इंसानियत कहीं पीछे छूट गई है।

कविता का दूसरा भाग अत्यंत दार्शनिक है, जहाँ मैंने शरीर की बनावट और मृत्यु की सच्चाई पर प्रकाश डालने का प्रयास किया है। चाहे शरीर 'सुधा' (अमृत) की तरह उज्ज्वल क्यों न हो, उसकी परछाई 'कृष्ण' (काली) ही होती है, और सबके भीतर वही लाल 'शोणित' (रक्त) बहता है।

अंत में 'मल्लिका मकरंद' (फूलों का रस) का आस्वादन करने वाले उनमत्त लोगों को यह चेतावनी दी गई है कि चाहे कोई साधारण 'जन' हो या शक्तिशाली 'दनुज' (राक्षस), मृत्यु के सामने सब समान हैं। यह कविता एक आह्वान है—दिखावे की श्रेष्ठता को त्यागकर दया और स्नेह बाँटने का, क्योंकि अंततः हम सभी इसी धरती की 'रज' (धूल) में विलीन हो जाएंगे।

शब्दार्थ

सम: बराबर या एक समान (Equal)

वसुधा: पृथ्वी या धरती (Earth)

अर्थ-लोभ: धन का लालच (Greed for wealth)

रज: धूल या मिट्टी (Dust)

सुधा: अमृत (Nectar)

शरमाया: पूँजी, संपत्ति या धन-दौलत (Wealth/Capital)

प्रभुता: श्रेष्ठता, प्रभुत्व या अधिकार (Sovereignty/Dominance)

शोणित: रक्त या खून (Blood)

काया: शरीर या तन (Body)

सकल: सब या संपूर्ण (All/Entire)

पाट-पाट: जगह-जगह या हर हिस्से में (Every corner/Part)

श्री: लक्ष्मी, धन या शोभा (Wealth/Splendor)

आभा: चमक या प्रकाश (Glow/Radiance)

यामिनी: रात या अंधकार (Night)

मल्लिका: चमेली का फूल (Jasmine)

मकरंद: फूलों का रस या पराग (Flower nectar)

उनमन: उदास, व्याकुल या खिन्न मन वाला (Restless/Distracted)

दनुज: राक्षस या दानव (Demon)

झूठा अहंकार

स्वयं को श्रेष्ठ बताते क्यों फिरते हो,
खुद ईमान की हत्या क्यों करते हो।
जियो, खाओ और मौज उड़ाओ,
पर के दुख पे तुम क्यों हंसते हो?

मानव हो तो मानवता लाओ,
हाथ मदद को आगे बढ़ाओ।
चाहत है अगर सुंदर जग की,
तो आओ मिलकर इसे बनाओ।

सब सम हैं वसुधा की गोद में,
स्वयं श्रेष्ठ न मानो अर्थ-लोभ में।
दान करो दया-स्नेह का जग में,
वरना रज से हो धरती के पग में।

तन सुधा सा उज्जवल हो पर,
सबके देह की कृष्ण ही छाया।
शरमाया की प्रभुता हो पर,
लाल शोणित वाली काया।

सकल पाट-पाट शोभा श्री पर,
आभा धन की यामिनी सी माया।
सुन मल्लिका मकरंद पीने वाले उनमन,
सकल जन दनुज मौत ही खाया|

भाग – IV

बादल की स्याही

चलो कुछ बात करते हैं

कविता की पृष्ठभूमि

अक्सर एक लेखक और समाज के बीच एक बहुत बड़ी दीवार खड़ी हो जाती है। दुनिया लेखक को कभी 'बुरा' समझती है, कभी 'अजीब' और कभी बहुत 'गहरा'। इस कविता को लिखने की प्रेरणा मुझे उस अकेलेपन से मिली, जो भीड़ में रहकर भी महसूस होता है।

यहाँ मैंने 'कलम' को एक बोझ और एक आईना, दोनों की तरह दिखाया है। लेखक होना कोई चुनाव नहीं, बल्कि एक विवशता है—सच्चाई को उगलने की विवशता। इस कविता के जरिए मैंने अपने पाठक का हाथ थामने की कोशिश की है। यह कहना कि 'तू भी बुरा है, मैं भी बुरा हूँ', दरअसल उस बनावटी शराफत के नकाब को उतारना है, जिसे हम सब ओढ़े रहते हैं। 'तेरे पास कलम नहीं है' वाली पंक्ति उन करोड़ों लोगों के अनकहे दर्दों को दी गई एक श्रद्धांजलि है, जो सब कुछ महसूस तो करते हैं, पर कह नहीं पाते। यह कविता एक पुल है, जो लेखक और पाठक के दिलों को जोड़ता है।

शब्दार्थ

कसीदे: प्रशंसा या तारीफ में लिखी गई कविताएँ (यहाँ व्यंग्य में 'गाली के कसीदे' यानी बहुत ज्यादा बुराई के अर्थ में प्रयुक्त हुआ है) (Eulogies/Praises)

नम: गीली या आँसुओं से भरी (Moist/Tearful

चलो कुछ बात करते हैं

चलो कुछ बात करते हैं,
मैंने, तुमने... बहुत सुना है!
अब एक-दूजे से कहते हैं;
चलो कुछ बात करते हैं।

कलम का बोझ है मित्र हम पर:
ज़ोर कड़वा, लिखवा ही देता है।
आईने की तरह साफ़ स्याही है,
तन-दाग तो दिखा ही देता है।
बुरा हूँ मैं, ज़माना कहता है,
शायद तू भी यही समझता है!
सुन, आज अच्छे से मिलकर रहते हैं,
मैंने, तुमने... बहुत सुना है।
अब एक-दूजे से कहते हैं,

चलो कुछ बात करते हैं।
बुरा तो तू भी कम नहीं है,
सोच तुझको क्या गम नहीं है!
समाज ने पढ़े हैं गाली के कसीदे,
बता क्या तेरी आँखें नम नहीं हैं!

तू भी बहाता, शायद लिख के आँसू;
बस, तेरे पास कलम नहीं है।

तू बोल; तेरे शब्द को लिखते हैं,
मैंने, तुमने... बहुत सुना है।
अब एक-दूजे से कहते हैं,
चलो कुछ बात करते हैं।

बादलाकंठा

कविता की पृष्ठभूमि

यह कविता मेरे साहित्यिक जीवन का 'घोषणापत्र' (Manifesto) है। आज की दुनिया में, जहाँ हर ओर चापलूसी और झूठी प्रशंसा का बाज़ार गर्म है, वहाँ मैंने स्वयं को एक ऐसे लेखक के रूप में स्थापित किया है, जो 'अप्रिय सत्य' कहने का साहस रखता है। इसे लिखने का मुख्य उद्देश्य उस 'दानवीय' व्यवहार पर प्रहार करना था, जो मनुष्य प्रगति के नाम पर प्रकृति और एक-दूसरे के साथ कर रहा है। मैंने इसमें स्पष्ट किया है कि मेरी कलम किसी के सामने झुककर 'याचक' (Beggar) नहीं बनेगी। 'उत्कंठा प्रत्यंचा पर चढ़ी है' का अर्थ है कि सत्य कहने की बेचैनी अब उस सीमा तक पहुँच चुकी है, जहाँ से पीछे हटना संभव नहीं है।

मैं मानता हूँ कि जो व्यक्ति स्वार्थ के लिए दूसरों के सामने नतमस्तक होकर याचना करता है, वह इस धरा पर सबसे निम्न है। यह कविता उन लेखकों और व्यक्तियों के लिए एक संदेश है, जो सुख प्राप्त करने हेतु अपने स्वाभिमान को गिरवी रख देते हैं। यह रचना 'कड़वे सच' से कागज़ रंगने के मेरे उस साहस को व्यक्त करती है, जिसे कोई दबा नहीं सकता।

शब्दार्थ

उत्कंठा: तीव्र इच्छा या व्याकुलता (Eagerness/Intense desire)

प्रत्यंचा: धनुष की डोरी (Bowstring)

दलन: कुचलने वाले या अत्याचार करने वाले (Oppressors/Those who crush)

सकल: संपूर्ण या सब (Entire/All)

तौहीनी: अपमान या बेइज्जती (Insult/Disrespect)

याचक: भीख मांगने वाला या प्रार्थना करने वाला (Beggar/Suitor)

उजुल-फुजूल : कुछ भी जिसकी जरूरत न हो ।

नतमस्तक: सिर झुकाए हुए (Bowed head)

बादलाकंठा

उत्कंठा चढ़ी है प्रत्यंचा पर,
बादल जानने की इच्छा रखता है।
हम दानव रह रहे धरा यहाँ जो,
क्या कभी मानव भी रह सकता है?

हाँ, मानव नहीं यहाँ दलन रहते हैं,
जो दुःख देते और सहन करते हैं।
जो जंग छेड़ खुद की खुद से,
मौत की तैयारी स्वयं करते हैं।
जो लोगों से घृणा करते हैं,
लोभ में मारते और मरते हैं।

जग नहीं कहीं निस्वार्थ भाव,
जहाँ पड़े ना हों कपट के पाँव।

नित दिन प्रकृति रोती है,
क्या ऐसा मानव होता है?

उत्कंठा चढ़ी है प्रत्यंचा पर,
बादल जानने की इच्छा रखता है।
हम दानव रह रहे धरा यहाँ जो,
क्या कभी मानव भी रह सकता है?

सकल तौहीनी मेरा सोच नहीं था,
शब्द भी मेरे पास बहुत था।
उजुल-फुजूल कुछ भी लिखता,
मन जो आता वो मैं कहता।

क्या?.........
कागज प्रिय बातों से सजा देता मैं?
कलम झुका स्याही बहा देता मैं?
नहीं जी नहीं...
कड़वे सत्य से कागज रंगता हूँ,

जो कोई ना कहे वो कहता हूँ।

'सत्यं ब्रूयात, प्रियं ब्रूयात',
इन शब्दों का पालन करता हूँ।
ना शब्दों से याचक बनता हूँ,
ना चापलूसी मेरा कलम करता है।

याचना मेरा काम नहीं,
जो करते हैं उन्हें पैगाम यही—
जो नर नतमस्तक याचना करता है,
निम्न उससे ना कोई धरा पे रहता है।

छत्तीस चले गए

कविता की पृष्ठभूमि

ज़िंदगी में एक दौर ऐसा आता है, जब लोग आपकी हँसी उड़ाते हैं और आपकी कल्पनाओं का मज़ाक बनाते हैं। यह कविता मेरे उस प्रतिरोध (Resistance) की कहानी है। जब तानों के 'ज़ख्म' गहरे होने लगते हैं, तब एक कलाकार के पास केवल उसकी 'कलम' ही एकमात्र सहारा बचती है।

मैंने यहाँ अपनी 'कलम' की तुलना अपनी 'साँस' (श्वास) से की है। इसका मतलब यह है कि मेरे लिए लिखना महज़ एक शौक नहीं, बल्कि जीवित रहने की पहली शर्त है।

'छत्तीस आएंगे, छत्तीस जाएंगे' वाली सामाजिक उपेक्षा का जवाब मैंने अपनी ज़िद से दिया है। यह कविता उन लोगों के लिए एक ढाल की तरह है, जिन्हें समाज कमज़ोर समझकर दबाना चाहता है।

यह इस बात का ऐलान है कि भले ही हमारे पंख छोटे हों और आसमान बहुत ऊँचा, लेकिन अगर हमारे पास अपने विचारों को व्यक्त करने की शक्ति (कलम) है, तो हम किसी भी 'छत्तीस' की भीड़ से अकेले लड़ने का हौसला रखते हैं।

शब्दार्थ

शिद्दत: बहुत अधिक तीव्रता, गहराई या जुनून के साथ
(Intensity/Passion)
ठिठोलों: मज़ाक उड़ाना या उपहास करना
(Mockery/Jeering)
कल्पना: सोच, विचार या क्रिएटिविटी
(Imagination/Creativity)
हानि: नुकसान या क्षति (संदर्भ के लिए)

छत्तीस चले गए

छत्तीस चले गए

एक बात सुनी हमने,
डसने वाले लोगों से।
जो हमें गिराने लगे हुए थे,
बड़ी शिद्दत, बड़े ज़ोरों से।

ज़ख़्म बड़े गहरे थे मेरे,
तानों से, हँसी-ठिठोलों से।
लूट ली सारी कल्पना ही मेरी,
गिरे हुए इन मन के चोरों से।

पंख मेरा तो बहुत है छोटा,
ऊंचाई आकाश की ऊपर है।
थोड़ी भी चलना चाह लूँ गर तो,
रस्ते पे लोगों के पत्थर हैं।

छत्तीस आएंगे, छत्तीस जाएंगे!
बातें ये मेरे दिल पर हैं।

सोचा क्या नहीं कभी किसी ने?
होगी क्या बीतती मुझ पर है।

हाँ, छत्तीस आएंगे सोचा हमने,
बात तो ये भी साफ़ है।
पर मैं भी तो सोचूँगा ही,
कि क्या लिए हमारे ख़ास है।

भोजन की चिंता बाद करूँगा,
पहले मेरे लिए श्वास है।
लड़ूँगा मैं अब उन छत्तीस से,
क्योंकि कलम हमारे पास है।

कुछ लिखूंगा

कविता की पृष्ठभूमि

यह कविता मेरे लिए एक लेखक की 'शपथ' (Vow) की तरह है। अक्सर जब हम कलम उठाते हैं, तो हम अपनी ही उलझनों में खो जाते हैं, लेकिन इस रचना के माध्यम से मैंने अपनी दृष्टि को समाज के उस अंतिम व्यक्ति की ओर मोड़ा है, जिसकी दुनिया में रोशनी बहुत कम है।

इसे लिखने का मुख्य कारण उस बेबसी को आवाज़ देना था, जो सड़कों पर सो रहे बच्चों की आँखों में दिखती है या उस सूखे चूल्हे में होती है, जहाँ रोटी के लिए तड़प है। मैं चाहता था कि मेरी कविता केवल शब्दों का जाल न रहे, बल्कि एक ऐसा 'घर' बने, जहाँ बेसहारा बच्चों को छत मिले और भूखों को 'मिठाई का स्वाद' महसूस हो। 'आरती और अज़ान' को एक साथ पिरोकर मैंने उस सांप्रदायिक सद्भाव की कामना की है, जो आज के समय की सबसे बड़ी ज़रूरत है।

यह कविता मेरी उस कल्पना का विस्तार है, जहाँ एक लेखक 'भाग्य-विधाता' तो नहीं बन सकता, पर अपनी लेखनी से एक ऐसी दुनिया का सपना ज़रूर बुन सकता है, जहाँ कोई भी इंसान या परिंदा बेघर न रहे।

शब्दार्थ

चंचल: जो एक जगह स्थिर न रहे, अस्थिर मन (Restless/Fickle)

मचल: किसी चीज़ के लिए ज़िद करना या तड़पना (Yearning/Restless desire)

दास्तान: कहानी या किस्सा (Tale/Saga)

भाग्य-विधाता: किस्मत लिखने वाला, ईश्वर (Creator of destiny)

आबाद: खुशहाल, समृद्ध या भरा-पूरा (Prosperous/Flourishing)

कुछ लिखूंगा

कुछ लिखूंगा
सोचता है ये मन चंचल!
दिल में रहा एक ख्वाब मचल,
कि कुछ लिखूँगा,
कुछ तो लिखूँगा।
दर्द की दास्तान लिखूँगा,
परिंदों का आसमान लिखूँगा।
घर से भटक चुके बच्चों का,
शायद मैं मकान लिखूँगा।
बिना सुर का गाना लिखूँगा,
चिड़ियों का चहचहाना लिखूँगा।
जो किसी से कह नहीं पाते,
शायद उनका मैं चिल्लाना लिखूँगा।
भले मैं कागज़ कोरी लिखूँगा,
पर घोंसले को बांधे डोरी लिखूँगा।
सो जाएँ भूख में भी बच्चे,
शायद ऐसी कोई मैं लोरी लिखूँगा।
आरती और अज़ान लिखूँगा,

फड़फड़ाहट में उनकी जान लिखूँगा।
सो जाते हैं जो सड़क किनारे यूँ,
शायद उनके लिए मकान लिखूँगा।
दोस्ती और यारी लिखूँगा,
पंख उनकी प्यारी लिखूँगा।
साथ रहते जो प्यार से बोलने पर भी,
मैं उनकी वफादारी लिखूँगा।
चूल्हे की वो आंच लिखूँगा,
उनके पंखों में आवाज़ लिखूँगा।
जिन्हें तरसाती है सूखी सी रोटी,
उनको मिठाई का स्वाद लिखूँगा।
त्योहारों की सुंदर याद लिखूँगा,
पंछियों का वह थोड़ा प्रसाद लिखूँगा।
अगर मैं बन जाऊँ भाग्य-विधाता,
तो ज़िंदगी सबकी आबाद लिखूँगा।

भाग – V

अहसास

21. मोहब्बत की तराजू

मोहब्बत की तराजू

कविता की पृष्ठभूमि

अक्सर मोहब्बत को बहुत ही गंभीर, रूहानी या फिर दुखों से भरा दिखाया जाता है, लेकिन असल ज़िंदगी में प्रेम का एक कोना बहुत ही चुलबुला और मासूम भी होता है। इस कविता को लिखने के पीछे मेरी सोच यही थी कि मैं उस 'नासमझी' को शब्दों में ढालूँ, जो शुरुआती प्यार में अक्सर होती है।

यह कविता उस दौर की कहानी है, जब एक इंसान अपने सपनों और ख्यालों में किसी को बसा चुका होता है, उसकी छोटी-सी मुस्कुराहट को 'न्यौता' समझ बैठता है और अपनी ही धुन में दिल हार जाता है।

लेकिन हकीकत की ज़मीन पर जब कोई अनपेक्षित मोड़ आता है (जैसे कि उसका भाई को बुला लेना), तो वह सारा रूमानी गुब्बारा एक पल में फूट जाता है।

मैंने इस कविता के अंत में उस 'मानवीय स्वभाव' को पकड़ा है, जहाँ इंसान एक खट्टा अनुभव होने के बाद कसम तो खाता है कि

अब कभी प्यार नहीं करेगा, लेकिन दिल की फितरत ही ऐसी है कि वह फिर से किसी नई आहट पर धड़कने को तैयार हो जाता है। यह कविता पाठकों को याद दिलाती है कि प्यार में गिरना, संभलना और फिर से मुस्कुराना ही जीवन की असली लय है।"

ये कविता अगली पुस्तक का हिस्सा हे जिसके शब्द प्रेम के आस पास घूमेंगे ।

शब्दार्थ

हरकत: कोई चेष्टा, शरारत या एक्टिविटी (Action/Mischief)

न्यौता: आमंत्रण या बुलावा (Invitation)

दिल्लगी: मज़ाक, प्रेम-भरी बातचीत या दिल लगाना (Flirtation/Love play)

दस्तक: दरवाज़ा खटखटाना या आहट (Knock)

मोहब्बत की तराजू

मोहब्बत की तराजू

मोहब्बत की तराजू थी,
लगा अच्छा तो जा बैठे।
कुछ हमने किया हरकत,
तो वो भी मुस्कुरा बैठे।

कभी यादों, कभी ख्वाबों,
कभी सच में ही दिखती थी।
हो परेशान गए सोने,
तो वो सपनों में आ बैठे।
कहा मैंने दिया है दर्द,
तेरी यादों ने कुछ दिन से।
छुआ उसने जो गालों को,
हम सारे गम भुला बैठे।

उनके गालों, उलझे बालों,
मस्त चालों पे हारे थे।
उनके ओठों की गलती थी,
कि अपना दिल लुटा बैठे।

ज़रा शर्माकर, मुस्कुराकर,
दिया न्यौता दिल्लगी का।
नासमझी में वो,
अपने भाई को बुला बैठे।

तो सोचे हम करेंगे ना,
मोहब्बत अब किसी से भी।
दिलों में फिर हुई दस्तक,
देखा फिर कोई आ बैठी ।

www.ingramcontent.com/pod-product-compliance
Lightning Source LLC
LaVergne TN
LVHW090418210926
848480LV00002B/605
9798904794439